Impressum
Verlag: BABADADA GmbH, Nedderfeld 112 , 22529 Hamburg
Geschäftsführer / Verlagsleitung: Harald Hof
Druck: Books on Demand GmbH, In de Tarpen 42, 22848 Norderstedt

Imprint
Publisher: BABADADA GmbH, Nedderfeld 112 , 22529 Hamburg, Germany
Managing Director / Publishing direction: Harald Hof
Print: Books on Demand GmbH, In de Tarpen 42, 22848 Norderstedt, Germany

школа

اسڪول

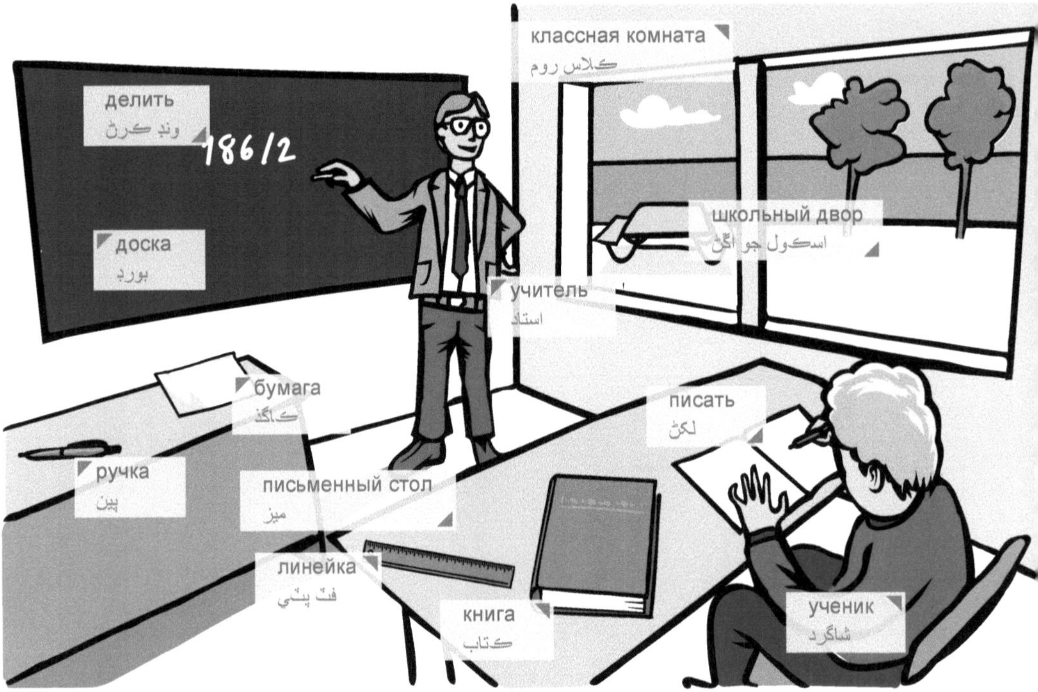

классная комната
ڪلاس روم
делить
ونڊ ڪرڻ
186/2
доска
بورڊ
учитель
استاد
школьный двор
اسڪول جو اڱڻ
бумага
ڪاغذ
писать
لکڻ
ручка
پين
письменный стол
ميز
линейка
فٽ پٽي
книга
ڪتاب
ученик
شاگرد

ранец

بستو

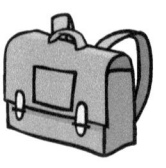

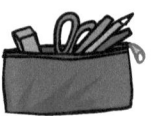

пенал

پينسل باڪس

карандаш

پينسل

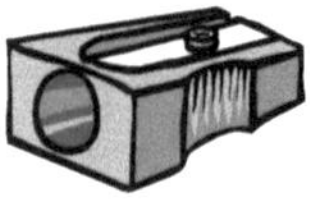

точилка

پينسل شارپنر

ластик

رٻڙ

альбом для рисования

ڊرائنگ پيڊ

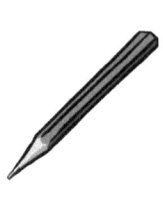

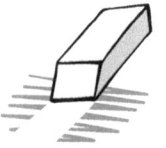

рисунок

ڈرائنگ

кисточка

پینٹ برش

коробка красок

پینٹ باکس

ножницы

قینچی

клей

گوند

тетрадь

مشق کرنے واری کاپی

домашняя работа

ہوم ورک

цифра

عدد

прибавлять

جوڑ کرنا

вычитать

کٹ کرنا

умножать

ضرب کرنا

считать

حساب کرنا

буква

خط

алфавит

الفابیٹ

hello

слово

لفظ

текст

مضمون

читать

پڑھن

мел

چاک

урок

سبق

классный журнал

رجسٹر

экзамен

امتحان

диплом

سرٹیفیکیٹ

школьная форма

اسکول یونیفارم

образование

تعلیم

энциклопедия

انسائکلوپیڈیا

университет

یونیورسٹی

микроскоп

خوردبینی

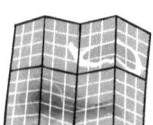

карта

نقشو

корзина для бумаг

ردي جي ٹوکري

гостиница
هوتل

Grand

турбаза
هاسٹل

ROOMS

пункт обмена валюты
رقم تبديل كرائي جي آفيس

EXCHANGE

чемодан
سوٹ كيس

автомобиль
كار

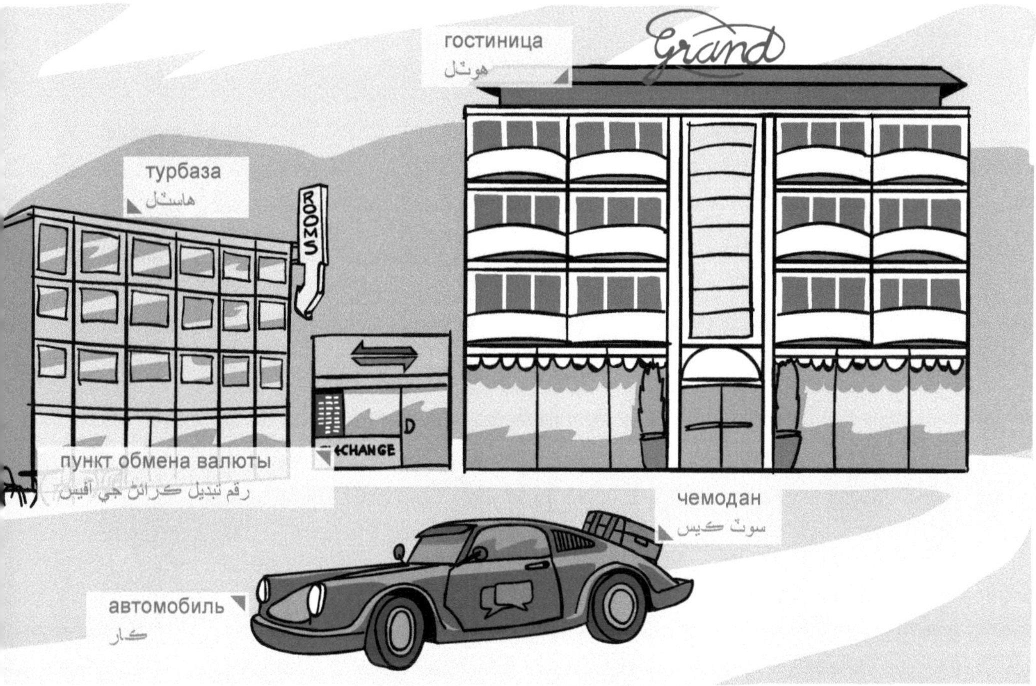

язык

ٻولي

да / нет

ها يا نه

хорошо

صحيح آهي

Привет

هيلو

переводчик

مترجم

Спасибо

مهرباني

Сколько стоит...?

هن جي قيمت گهٹي اهي.....؟

Я не понимаю

مون کي سمجه ۾ نٿو اچي

проблема

مسئلو

Добрый вечер!

گڊ ايوننگ

Доброе утро!

صبح بخير

Доброй ночи!

شب خير

До свидания

الوداع

направление

طرف

багаж

سفري سامان

сумка

بيگ

рюкзак

پويان پٺن وارو بيگ

гость

مهمان

комната

ڪمرو

спальный мешок

بستر وارو بيگ

палатка

خيمو

туристическая
информация

سیاحت بابت معلومات

пляж

سمندر کنارو

кредитная карточка

کریٹڈ کارڈ

завтрак

ناشتو

обед

لنچ

ужин

ڈنر

билет

ٹکٹ

лифт

لفٹ

почтовая марка

مهر

граница

سرحد

таможня

گاهک

посольство

سفارتخانو

виза

ویزا

паспорт

پاسپورٹ

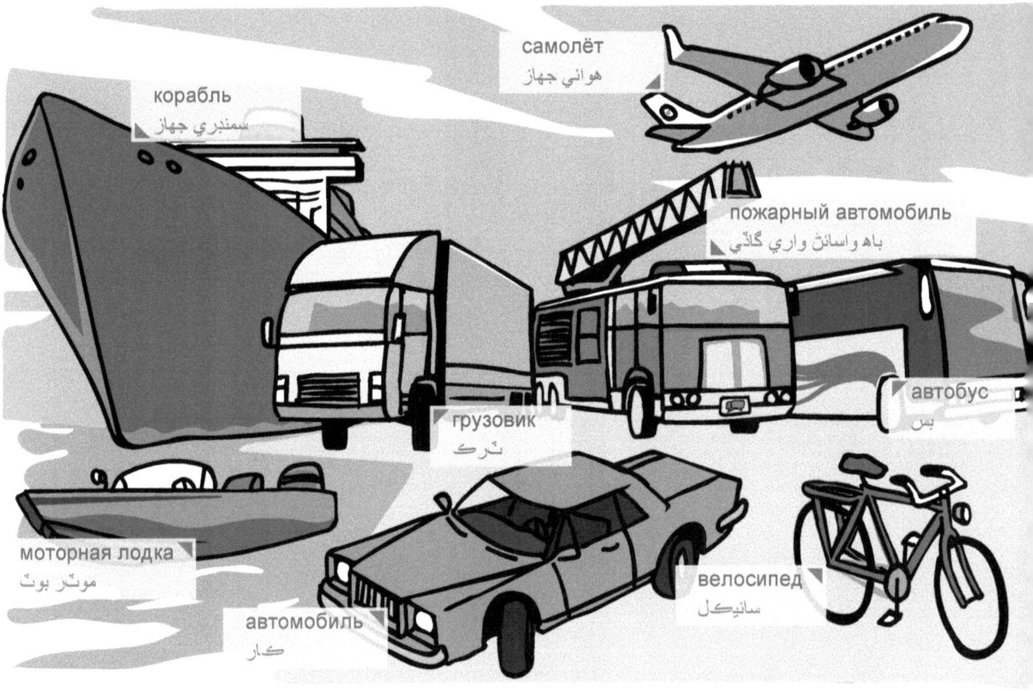

самолёт
هوائي جهاز

корабль
سمندري جهاز

пожарный автомобиль
باه واسائڻ واري گاڏي

автобус
بس

грузовик
ٽرڪ

моторная лодка
موٽر بوٽ

велосипед
سائيڪل

автомобиль
ڪار

паром

فيري

лодка

بيڙي

мотоцикл

موٽر سائيڪل

полицейский автомобиль

پوليس ڪار

гоночный автомобиль

ريسنگ ڪار

арендованный
автомобиль
رينٽل ڪار

совместное пользование
автомобилями

چشنىرنگ كار

буксировочный
автомобиль

چکّ وارو ٹرک

мусоровоз

كچري واري ٹرک

двигатель

كار

топливо

فيول

заправка

پىٹرول اسٹىشن

дорожный знак

ٹرىفك جا نشان

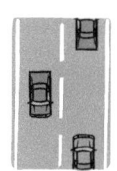

движение

ٹرىفك

пробка

ٹرىفك جام

автостоянка

كار پارك

вокзал

ٹرىن اسٹىشن

рельсы

پٹڑىون

поезд

ٹرىن

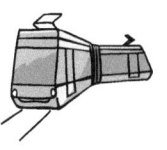

трамвай

ٹرام

вагон

وىگن

вертолёт

ھیلی‌کاپٽر

аэропорт

ایئرپورٽ

вышка

ٽاور

пассажир

مسافر

контейнер

ڪنٽينر

коробка

ڊٻو

тележка

ريڙهي

корзина

ٽوڪري

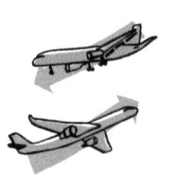

взлетать / приземляться

اڏرڻ / زمين تي لهڻ

город

شهر

деревня

ڳوٺ

центр города

شهر جو مرڪز

дом

گھر

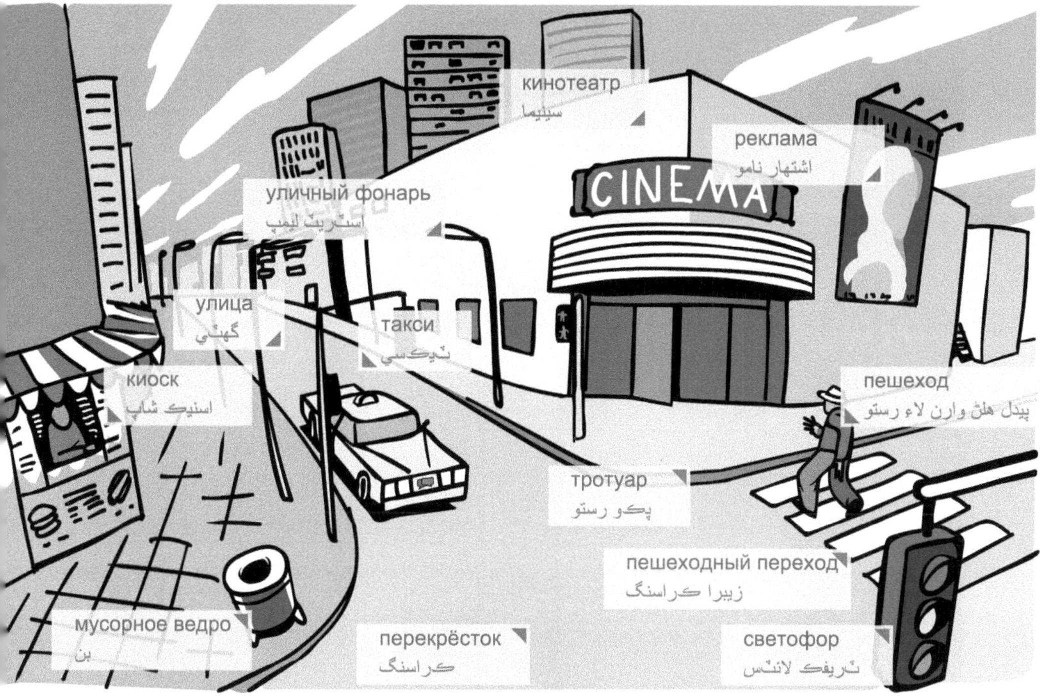

кинотеатр
سينيما

реклама
اشتهار نامو

уличный фонарь
سټريټ لیمپ

улица
ګهټي

такси
ټوکسي

киоск
اسنيک شاپ

пешеход
پيدل هلن وارن لاء رستو

тротуар
پکو رستو

пешеходный переход
زيبرا کراسنگ

мусорное ведро
بن

перекрёсток
کراسنگ

светофор
ټريفک لائټس

хижина

جهوپړي

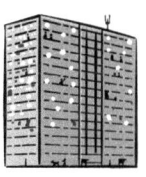

квартира

فليټ

вокзал

ټرين اسټيشن

ратуша

ټائون هال

музей

عجائب ګهر

школа

اسکول

университет

يونيورسٽي

банк

بينڪ

больница

اسپتال

гостиница

هوٽل

аптека

فارميسي

офис

آفس

книжный магазин

ڪتابن جي ڪتاب

магазин

دڪان

цветочный магазин

گلن جي دڪان

супермаркет

سپر مارڪيٽ

рынок

مارڪيٽ

универмаг

ڊپارٽمينٽ اسٽور

торговец рыбой

مڇي جي دڪان

торговый центр

شاپنگ سينٽر

порт

بندرگاھ

парк

پارک

скамейка

بینچ

мост

پل

лестница

ڈاکن

метро

زیر زمین میٹرو

тоннель

سرنگ

автобусная остановка

بس اسٹاپ

бар

شراب خانو

ресторан

روسٹورینٹ

почтовый ящик

پوسٹ باکس

табличка с названием
улицы

اسٹریٹ سائن

паркометр

پارکنگ میٹر

зоопарк

چڑیا گھر

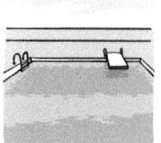

бассейн

سونمنگ پول

мечеть

مسجد

ферма

فارم

загрязнение окружающей
среды

الودگي

кладбище

قبرستان

церковь

چرچ

детская площадка

راند جو ميدان

храм

مندر

ландшафт

زميني منظر

лист
پتو

дорожный указатель
سائن بورڊ

дорога
رستو

луг
ساوڪ واري زمين

камень
پٿر

дерево
وڻ

путешественник
پيادل هلڻ وارو هانيڪر

река
دريا

трава
گاہ

цветок
گل

долина

وادي

гора

جبل

озеро

جھيل

лес

ګل

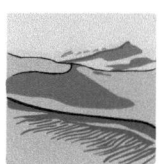

пустыня

ريگستان

вулкан

آتش فشان

замок

قلعو

радуга

انڊلٹھ

гриб

ڪڄي

пальма

کھجي جو وڻ

комар

مڇر

муха

مک

муравей

ڪيولي

пчела

ماکي جي مک

паук

مڪڙي

жук

ٹېندڑ

лягушка

ڈېڈڑ

белка

نورينزو

еж

چاهو

заяц

خرگوش

сова

چرو

птица

پکي

лебедь

بدک

кабан

سونړ

олень

هرڼ

лось

أمريكي هرڼ جو قسم

плотина

ډيم

ветряной генератор

هوا سان هلڼ واروپڼربانين

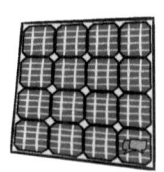

солнечная батарея

سولر پينل

климат

أب و هوا

официант
ويٽر

меню
کاڌي جي فهرست

стул
ڪرسي

суп
سوپ

пицца
پيزا

столовые приборы
چهري ڪانٽا

скатерть
ٽيبل جو ڪپڙو

закуска
اسٽارٽر

главное блюдо
مين ڪورس

десерт
کاڌي کانپوء کاڌُ وارو مٺو

напитки
مشروب

еда
خوراڪ

бутылка
بوتل

фастфуд

فاسٹ فوڈ

уличная еда

اسٹريٹ فوڈ

чайник

كيتلي

сахарница

شگر باؤل

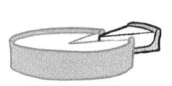

порция

ٹكڑو

кофеварка

ايسپريسو مشين

детский стульчик

اونچي كرسي

счет

بل

поднос

ٹري

нож

چھري

вилка

كانٹو

ложка

چمچ

чайная ложка

چانهن جو چمچو

салфетка

سروينٹي

стакан

گلاس

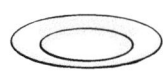

тарелка

پليټ

суповая тарелка

سوپ پليټ

блюдце

ساسر

соус

چټّنَي

солонка

لوڼ داني

мельница для перца

مرچ پيسڼ وارو

уксус

سرکو

масло

کاڼو پچائڼ وارو تيل

специи

مصالحو

кетчуп

کيچ اپ

горчица

سرنهن

майонез

مايونيز

супермаркет
سپر مارڪيٽ

специальное предложение
خصوصي آفر
FOR
покупатель
خريدار
молочные продукты
ڊيري
фрукты
فروٽ
тележка для покупок
ٽرالي

BUTCHERS

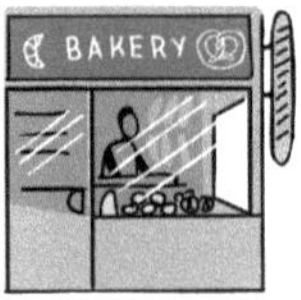

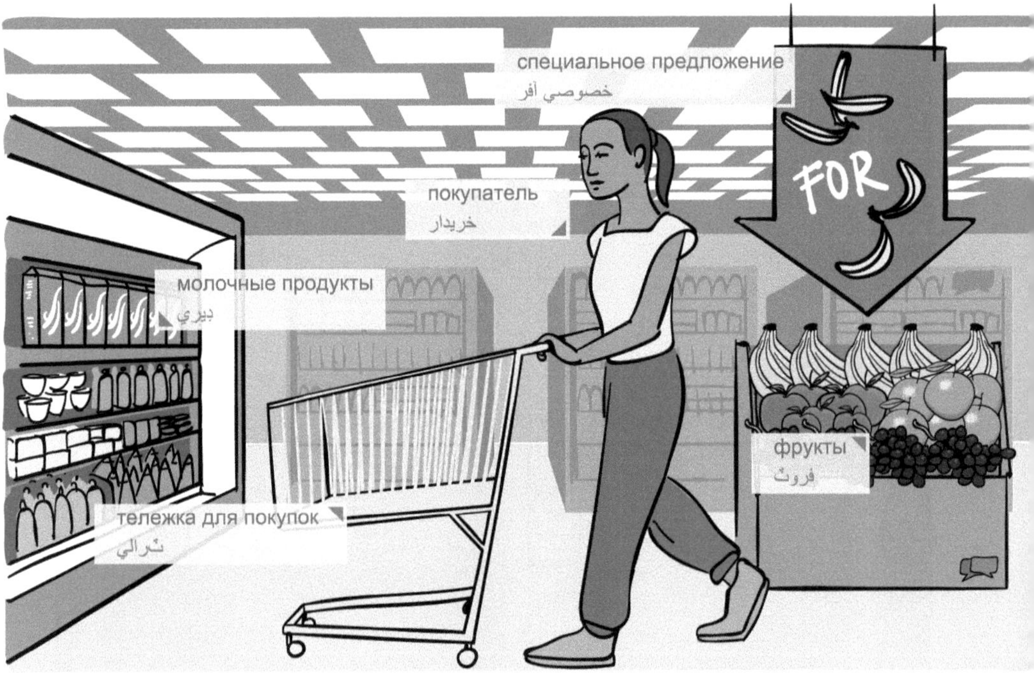

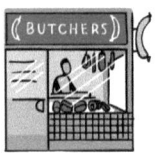

мясной магазин

گوشت جي دڪان

BAKERY

пекарня

بيڪري

взвешивать

وزن ڪرڻ

овощи

سبزيون

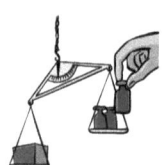

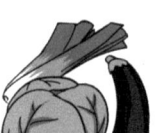

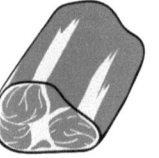

мясо

گوشت

быстрозамороженные продукты

ڄميل کاڌو

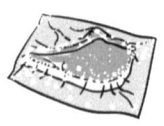

нарезка

سرد گوشت

консервы

ڈبّی م بند کاڈو

стиральный порошок

واشنگ پاؤڈر

сладости

مٹھائی

предмет домашнего
обихода

گھریلو سامان

моющее средство

صفائی کرنٔ وارا پرابکنٔس

продавщица

سیلز پرسن

касса

کیش رجسٹر

кассир

خزانچي

список покупок

خریداری جی فهرست

время работы

اوقات کار

бумажник

پرس

кредитная карточка

کریڈٹ کارڈ

сумка

بیگ

полиэтиленовый пакет

پلاسٹک بیگ

вода

پاڻي

сок

جوس

молоко

كير

кока-кола

كوك

вино

واين

пиво

بيئر

алкоголь

الكحول

какао

كوكو

чай

چائي

кофе

كافي

эспрессо

آيسبريسو

капучино

كبيوتشينو

банан

كيلو

яблоко

صوف

апельсин

مالټو

арбуз

خربوزو

лимон

ليمون

морковь

گجر

чеснок

ثوم

бамбук

بانس

лук

بصر

гриб

كنپي

орехи

اخروټ، بادام

лапша

نوډلز

спагетти

اسپيگتّي

рис

چانور

салат

سلاد

картофель фри

چپس

жареный картофель

تريل پتّاتّا

пицца

پيزا

гамбургер

هيم برگر

сэндвич

سيندويچ

шницель

گوشت جو تّكرو

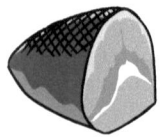

ветчина

سور جي ران جو گوشت

салями

خشّك گوشت

колбаса

ساسيج

курица

مرغّي

жаркое

روسّٽ

рыба

مڇي

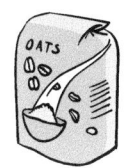

овсяные хлопья

جو جو دليا

мюсли

ميوزلي

кукурузные хлопья

كارن فليكس

мука

اٹّو

круассан

كرونسنٹ

булочка

بريڈ رول

хлеб

بريڈ

тост

ٹوسٹ

печенье

بسكٹ

масло

مكّا

творог

دهي

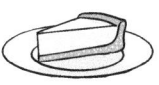

пирог

كيك

яйцо

انڈا

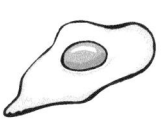

яичница

فرائی ٹیل انڈو

сыр

پنير

мороженое

أئس كريم

сахар

كند

мёд

ماكي

мармелад

مربو

крем с нугой

چاكليٹ اسپريد

карри

پاجي

ферма

فارم

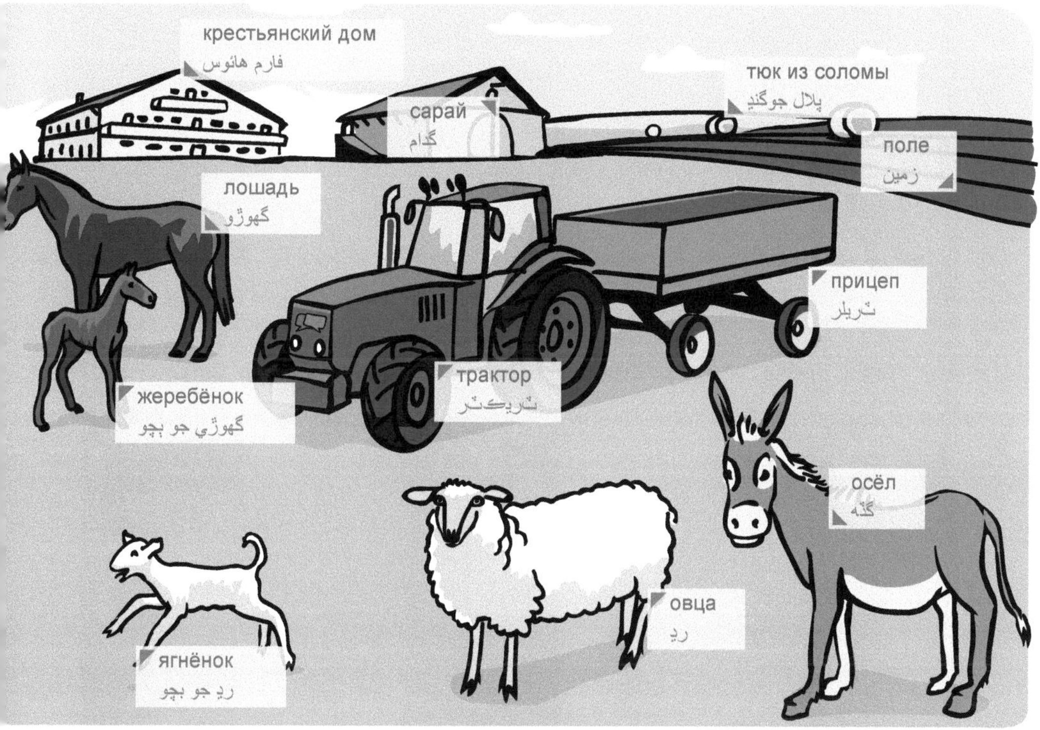

крестьянский дом
فارم هائوس
сарай
گدام
тюк из соломы
پلال جوگنڍ
поле
زمين
лошадь
گهوڙو
прицеп
ٽريلر
трактор
ٽريڪٽر
жеребёнок
گهوڙي جو ٻچو
осёл
گڏه
овца
رڍ
ягнёнок
رڍ جو ٻچو

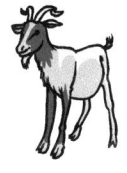

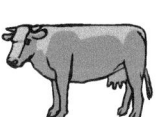

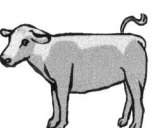

коза

ٻڪري

корова

ڳئون

телёнок

پاڏو

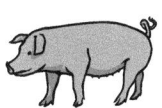

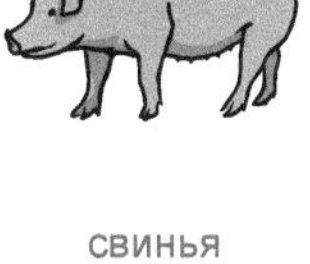

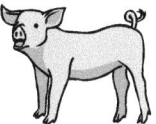

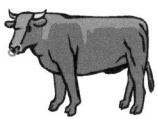

свинья

سؤر

поросёнок

سؤر جو ٻچو

бык

ڍڳو

гусь

هنس

утка

بدك

цыплёнок

چوزا

курица

مرغي

петух

مرغو

крыса

كونو

кошка

ٻلي

мышь

كونو

вол

ڏاند

собака

كتو

конура

كتي جو گهر

садовый шланг

گاردين هوز

лейка

پاڻي جو كين

коса

ڏاٽو

плуг

هرا

серп

ڏاتِرو

мотыга

رنبو

навозные вилы

ڏاندارِي

топор

ڪهاڙو

тачка

هٿ سان هلائڻ واري ريڙهي

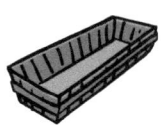

корыто

حوض

бидон для молока

ڪير جو دٻو

мешок

ڳوٿ

забор

لوڙهو

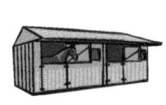

хлев

اصطبل

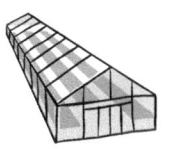

теплица

گرين هانوس

почва

مٽِي

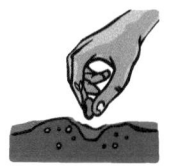

посев

ٻج

удобрение

کھاد

комбайн

ڪمبائنڊ هارويسٽر

собирать урожай

فصل کٽڻ

урожай

فصل کٽڻ

ямс

هڪ قسم جي ترکاري

пшеница

ڪڻڪ

соя

سويا

картофель

پٽاٽو

кукуруза

مڪاني

рапс

توري جو ٻج

фруктовое дерево

ميون جو وڻ

маниок

ڪساوا

злаки

اناج

дымоход
چمني

крыша
چھت

водосточный желоб
نکاسي جو پائپ

окно
دري

гараж
گيراج

звонок
دروازي جي گھنٹي

дверь
دروازو

мусорное ведро
کچري جي ٽوڪري

почтовый ящик
ليٽر باڪس

сад
باغ

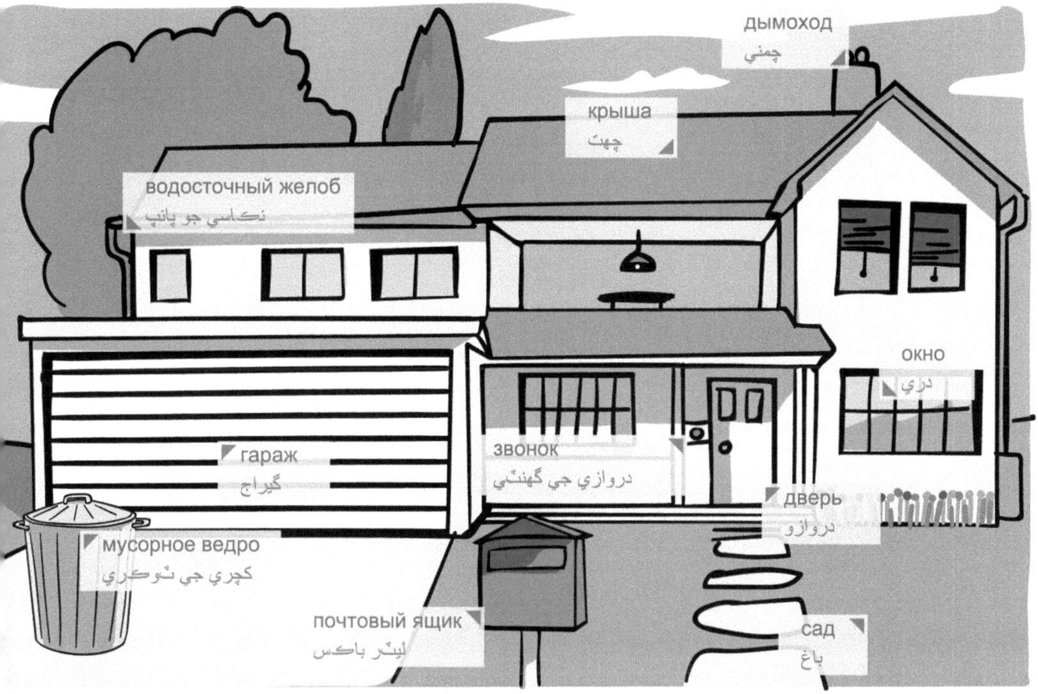

гостиная

لوونگ روم

ванная комната

غسل خانو

кухня

باورچي خانو

спальня

بيڊروم

детская комната

ٻارن جو ڪمرو

столовая

ڊائننگ روم

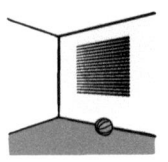

пол

فرش

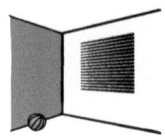

стена

دیوار

потолок

چھت

подвал

تہخانو

сауна

بھاف وارو غسل

балкон

بالکونی

терраса

تُيرس

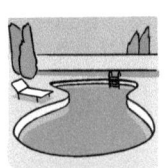

бассейн

تلاؤ

газонокосилка

گاه کٽڻ واري مشين

пододеяльник

چادر

покрывало

چادر

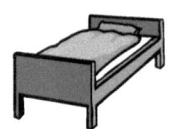

кровать

بيڊ

метла

جھاڙو

ведро

بالٽي

выключатель

سوئچ

гостиная

لوونگ روم

обои
وال پيپر
рисунок
تصوير
лампа
ليمپ
полка
شيلف
шкаф
الماري
телевизор
ټيليويژن
камин
باهوواري چمني
цветок
گل
подушка
کشن
диван
صوفو
ваза
گلدان
пульт дистанционного управления
ريموټ کنټرول

ковёр

قالين

штора

پردو

стол

ميز

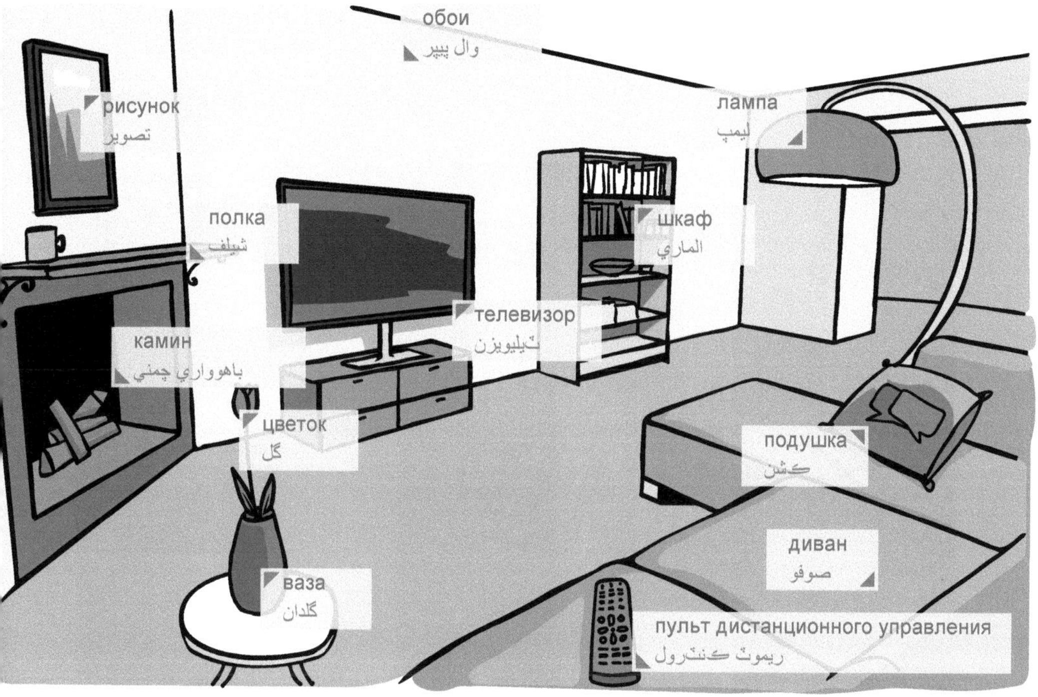

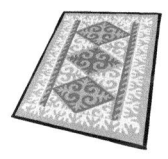

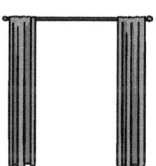

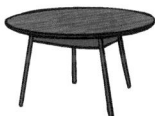

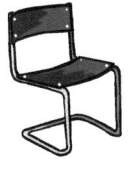

стул

کرسي

кресло-качалка

لڏٹ واري کرسي

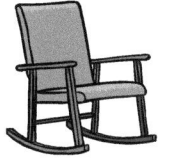

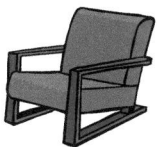

кресло

آرام کرسي

книга

كتاب

покрывало

كمبل

украшение

آرائش

дрова

ٻارڻ وارين ڪاٺين

фильм

فلم

стереосистема

هاڻي فاني

ключ

چاٻي

газета

اخبار

картина

پينٽنگ

плакат

پوسٽر

радио

ريڊيو

блокнот

نوٽ بڪ

пылесос

ويڪيوم ڪلينز

кактус

ٿوهر جو ٻوٽو

свеча

ميڻ بتي

кухня

باورچي خانو

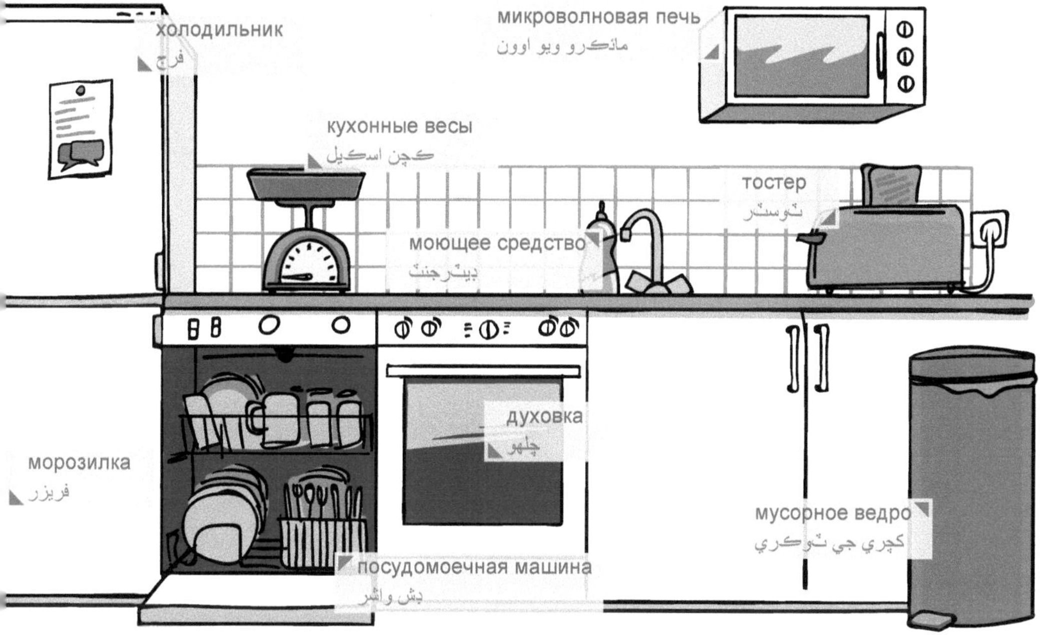
холодильник
فرج
микроволновая печь
مائڪرو ويو اوون
кухонные весы
ڪچن اسڪيل
тостер
ٽوسٽر
моющее средство
ڊيٽرجنٽ
духовка
چلهو
морозилка
فريزر
мусорное ведро
ڪچري جي ٽوڪري
посудомоечная машина
ڊش واشر

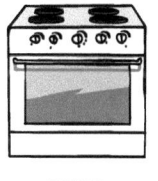

плита

ڪُڪر

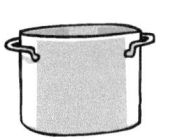

кастрюля

ٿانوَ

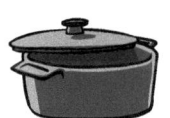

чугунный котелок

ڪاسٽ آئرن جا ٿانو

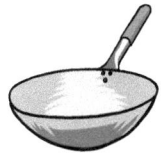

вок / кадай

ڪڙهائي

сковорода

ترڻ وارو ٿانو

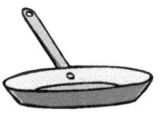

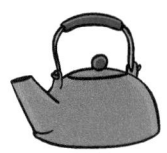

чайник

ڪيٽلي

пароварка

اسٽيمر

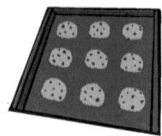

противень

بيڪنگ ٽري

посуда

ڪراڪري

кружка

مگ

миска

پيالو

палочки для еды

چاپ اسٽڪس

половник

ڏونِي

лопатка

نقطِي

сбивалка

سبزي مڪسر

сито

ڇاڻِي

сито

ڇاڻِي

тёрка

ڪدو ڪش وارو اوزار

ступка

اڪري

гриль

بار بي ڪيو

костёр

ڪليل باھ

доска

سبزي ڪٽڻ وارو بورڊ

скалка

ويلڻ

штопор

ڪارڪ اسڪريو

жестяная банка

ڪين

консервный нож

ڪين اوپنر

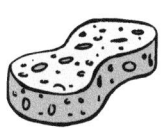

прихватка

ٿانوَ پڪڙڻ وارو ڪپڙو

раковина

سنڪ

щетка

برش

губка

اسفنج

миксер

بلينبر

морозильная камера

ڊيپ فريزر

бутылочка для кормления

بار جي بوتل

кран

نل

отопление
ھىتىنگ

душ
شاور

полотенце
تواال

душевая занавеска
شاور كرتىن

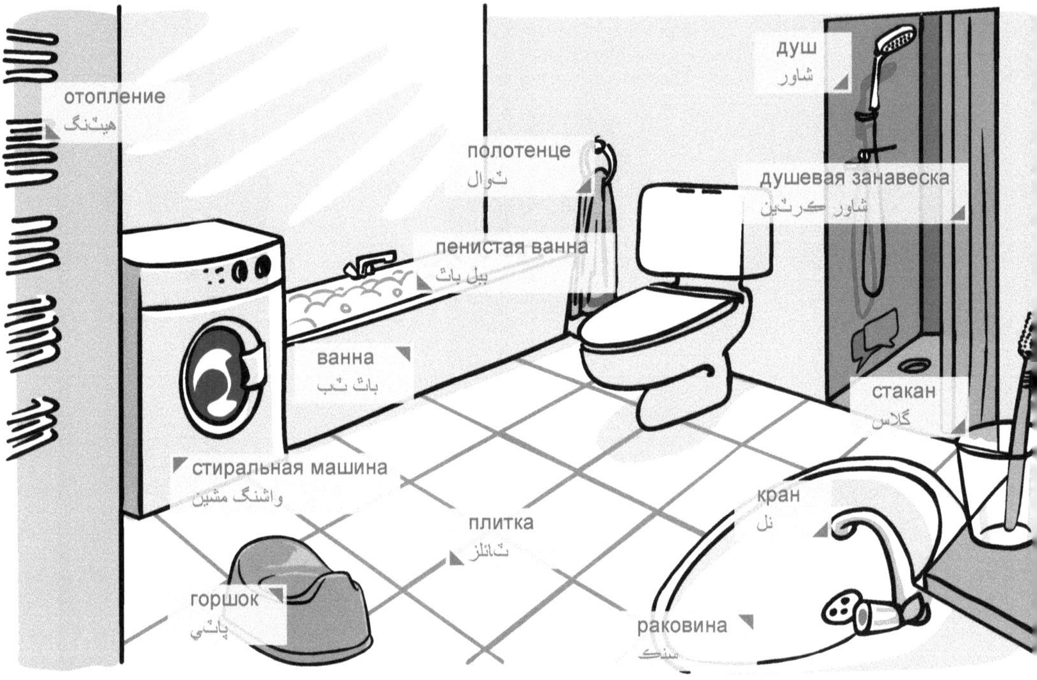

пенистая ванна
بىل باث

ванна
باث تب

стакан
گالس

стиральная машина
واشنگ مشىن

кран
نل

плитка
تائىلز

горшок
پاتى

раковина
سنك

туалет

تائىلت

напольный унитаз

اوكزو ويھن وارو تواىلت

биде

شرم گاه دونن وارو تب

писсуар

پيشاب گاھ

туалетная бумага

تائىلت پيپىر

ершик

تائىلت برش

зубная щетка

تۇوتە برش

зубная паста

تۇوتە پىست

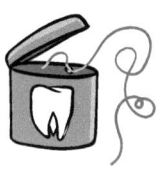

зубная нить

دېنتال فلاس

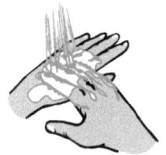

мыть

ۋاش

ручной душ

ھیند شاور

интимный душ

شاور

таз

بىك برش

щетка для спины

بىك برش

мыло

صابىن

гель для душа

شاور جیل

шампунь

شىمپو

мочалка

فلالین

сток

درېن

крем

كرېم

дезодорант

دېیودورنت

зеркало

أئينو

ручное зеркало

هٿ ۾ پڪڙڻ وارو أئينو

бритва

ريزر

пена для бритья

شيونگ فوم

лосьон после бритья

افٽر شيو

расческа

ڦڻي

щетка

برش

фен

هينر ڊرائير

лак для волос

هينر اسپري

косметика

ميڪ اپ

губная помада

سرخي

лак для ногтей

نيل وارنش

вата

ڪپه

маникюрные ножницы

نيل سيزر

духи

پرفيوم

косметичка

واش بيگ

табуретка

اسٹول

весы

وزن کرنݨ واري مشين

халат

باتھ روب

резиновые перчатки

ربڑ جا دستانا

тампон

ٹیمپون

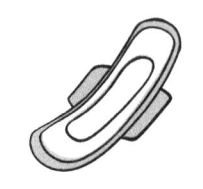

гигиеническая прокладка

صفائي وارو ٹاول

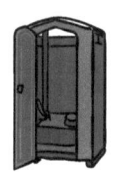

биотуалет

کیمیائي ٹوائلٹ

детская комната
پارن جو کمرو

будильник
الارم کلاک

мягкая игрушка
کڊلي ٽوائي

игрушечный автомобиль
رانديڪي واري ڪار

кукольный домик
گڏي جو گهر

подарок
گفٽ

погремушка
جهنجهٽ

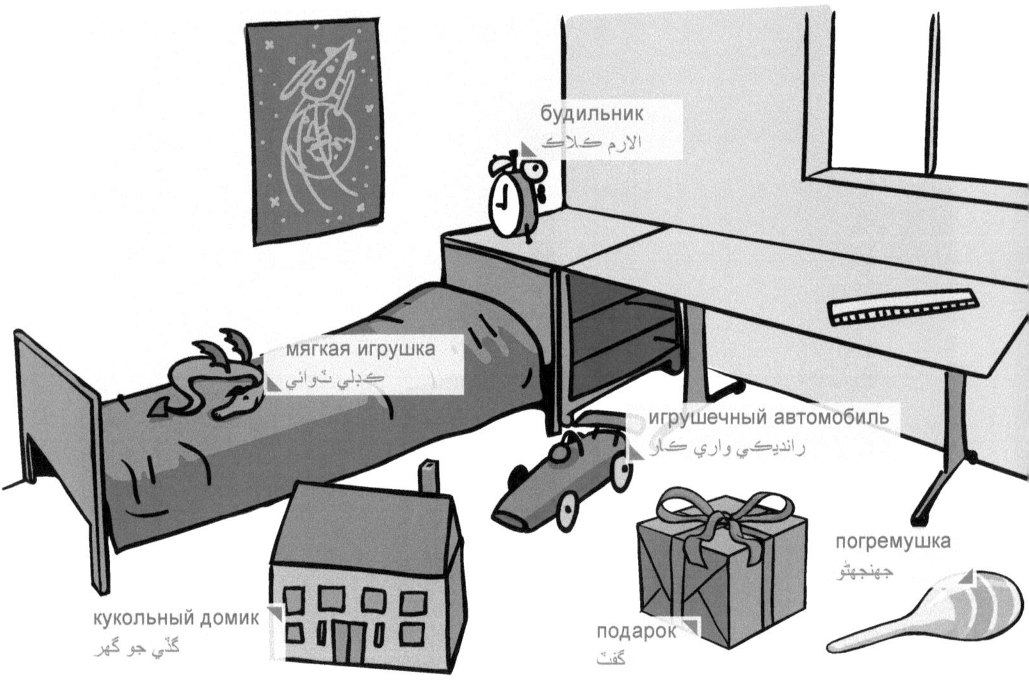

воздушный шар

ڦوڪڻو

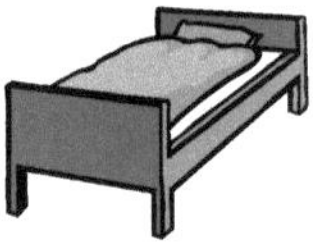

кровать

بيڊ

детская коляска

ٻار جي گاڏي

карточная игра

ڊيڪ اف ڪارڊز

пазл

جگسا

комикс

ڪامڪ

кирпичики Лего

ليگوبرڪس

кубики

رانديڪن وارا بلاڪس

игрушечная фигурка

ايڪشن فگر

ползунки

بيبي گرو

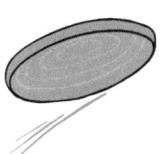

фрисби

فرسبي

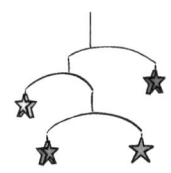

мобиле

رانديڪي واري موبائل

настольная игра

بورڊ گيم

кубик

ڇهڪو

модель железной дороги

ماڊل ٽين سيٽ

соска

ٻارن جي چوسڻ واري نپل

вечеринка

پارٽي

книга с картинками

تصوير واري ڪتاب

мяч

بال

кукла

گڏي

играть

ڪيڏڻ

песочница

سینڈ پٹ

качели

جھولا

игрушка

رانديكا

игровая приставка

وڈيو گيم كنسول

трёхколесный велосипед

تّن ڦیّئ واري سائیكل

плюшевый медвежонок

تّيدي بينر

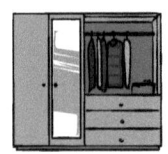

шкаф для одежды

كپّڙن جي الماري

одежда

لباس

носки

جرابا

чулки

اسٽاكنگز

колготки

ٽائٽس

шарф
اسکارف

зонтик
چھتری

футболка
ٹی شرٹ

ремень
بیلٹ

сапоги
بوٹ

тапки
چپل

кроссовки
جاگر شوز

сандалии
سینڈل

ботинки
جوتا

резиновые сапоги
ربڑ جا بوٹ

трусы
انڈرپینٹس

бюстгальтер
بریزر

майка
واسکٹ

боди

جسم

брюки

پتلون

джинсы

جینز پینٹ

юбка

اسکرٹ

блузка

چولو

рубашка

قمیض

свитер

جرسي

свитер

ہوڈی

спортивная куртка

بلیزر

жакет

جیکٹ

пальто

کوٹ

плащ

بارش م پانٹ وارو کوٹ

костюм

پوشاک

платье

لباس

свадебное платье

شادي جولباس

мужской костюм

سوٽ

ночная сорочка

نائٽ گاؤن

пижама

پاجامو

сари

ساڙي

платок

مٿي تي بڌل وارو اسڪارف

тюрбан

پڳڙي

паранджа

برقعو

кафтан

ڪفتان

абайя

عبايو

купальник

تيراڪي جو لباس

плавки

چڏي

шорты

نيڪر

спортивный костюм

ٽريڪ سوٽ

фартук

اپرن

перчатки

دستانا

пуговица

بٹن

очки

چشمو

браслет

بریسلیٹ

цепочка

ہار

кольцо

منڈی

серьга

والیون

шапка

ٹوپی

вешалка

کوٹ ہینگر

шляпа

ٹوپی

галстук

ٹائی

застежка молния

زپ

шлем

ہیلمٹ

подтяжки

بریسز

школьная форма

اسکول یونیفارم

форма

وردي

детский нагрудник

بارن لاءِ ڳچي ۾ ٻڌڻ وارو ڪپڙو

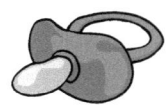

соска

بارن جي چوسڻ واري نپل

подгузник

ڪجو

офис

آفس

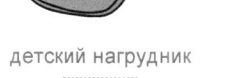

сервер
سرور

канцелярский шкаф
فائلن جي الماري

принтер
پرنٽر

монитор
مانيٽر

бумага
ڪاغذ

мышь
ماؤس

письменный стол
ميز

папка
فولڊر

клавиатура
ڪي بورڊ

корзина для бумаг
ردي جي ٽوڪري

стул
ڪافي مگ

компьютер
ڪمپيوٽر

кофейная кружка

ڪافي مگ

калькулятор

ڪيلڪيوليٽر

интернет

انٽرنيٽ

ноутбук

لیپ ٹاپ

письмо

خط

сообщение

پیغام

мобильный телефон

موبائل

сеть

نیٹ ورک

ксерокс

فوٹو کاپي کرٹ واري مشین

программа

سافٹ ویئر

телефон

ٹیلي فون

розетка

پلگ ساکٹ

факс

فیکس مشین

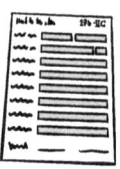

формуляр

فارم

документ

دستاویز

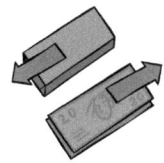

покупать

خرید کرن

платить

ادا کرن

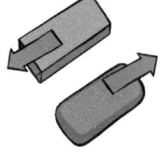

торговать

صاف کرن

деньги

پیسا

USD

доллар

ڈالر

EUR

евро

یورو

JPY

иена

ین

RUB

рубль

روبل

CHF

франк

سوئنس فرانک

CNY

жэньминьби юань

رینمینبی یوآن

INR

рупия

روپیو

банкомат

کیش پوائنٹ

пункт обмена валюты

رقم تبديل كرائڻ جي آفيس

золото

سون

серебро

چاندي

нефть

خام تيل

энергия

توانائي

цена

قيمت

договор

معاهدو

налог

ٽيڪس

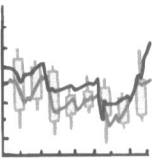

акция

ذخيرو

работать

ڪم ڪرڻ

служащий

ملازم

работодатель

آجر

фабрика

فيڪٽري

магазин

دڪان

милиционер
پولیس آفیسر

пожарный
فائر مین

повар
باورچی

врач
ڈاکٹر

пилот
پائلٹ

садовник

مالی

столяр

وائو

швея

درزن

судья

جج

химик

کیمیسٹ

актёр

اداکار

водитель автобуса

بس ډرايور

таксист

ټیکسي ډرايور

рыбак

مچي مارڼ وارو

уборщица

صفائي کرڼ واري ماني

кровельщик

چهت ناهڼ وارو

официант

ويټر

охотник

ښکاري

художник

رنگ ساز

пекарь

نانوائي

электрик

اليکټريشن

строитель

بلډر

инженер

انجنير

мясник

کاساني

сантехник

پلمبر

почтальон

پوسټ مين

солдат

سپاهي

архитектор

اركيټيکټ

кассир

خزانچي

флорист

گل کپائڼ وارو

парикмахер

ناني

кондуктор

کنډيکټر

механик

مکينک

капитан

کپتان

зубной врач

ډينټسټ

ученый

سائنسدان

раввин

يهودي عالم

имам

امام

монах

راهب

священник

پادري

инструменты

اوزار

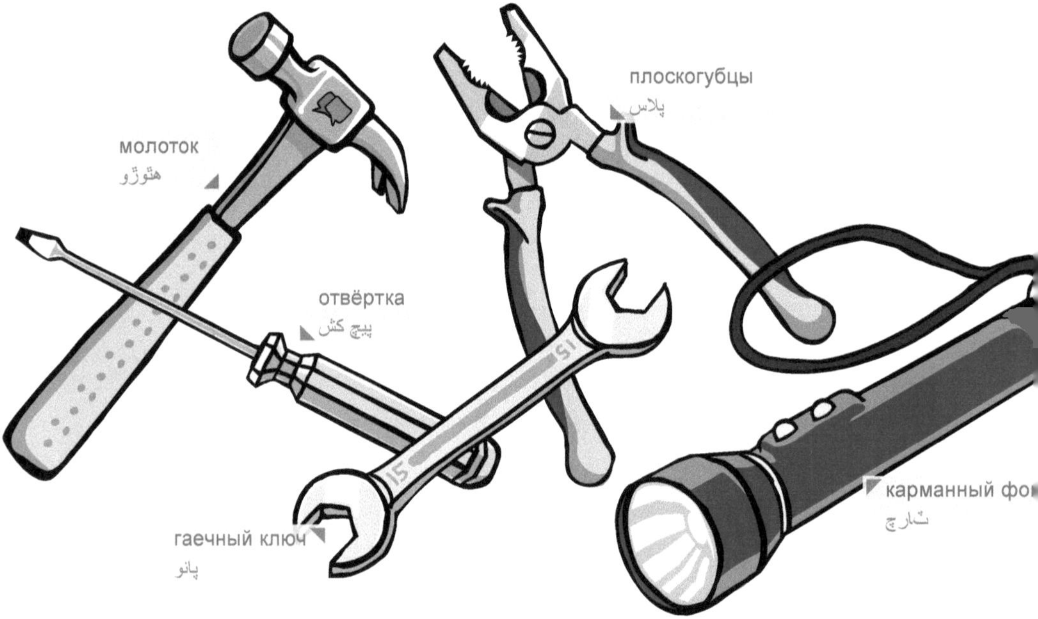

молоток
هٿوڙو
плоскогубцы
پلاس
отвёртка
پيچ ڪش
гаечный ключ
پانو
карманный фо
ٽارچ

экскаватор

....

ايڪسڪويٽر

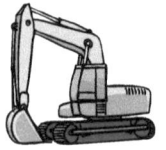

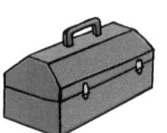

ящик для инструментов

....

ٽول باڪس

стремянка

....

ڏاڪڻ

пила

....

آري

гвозди

....

ڪوڪو

дрель

....

ڊرل

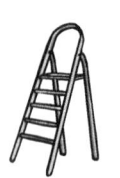

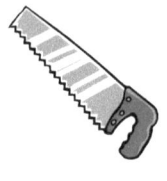

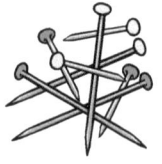

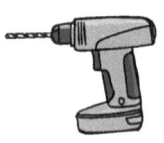

ремонтировать

مرمت كرڻ

лопата

بيلچو

Блин!

لعنت هجي!

совок

كچري دان

ведро с краской

پينٽ وارو دٻو

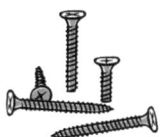

винты

پيچ

музыкальные инструменты

موسيقي جا اوزار

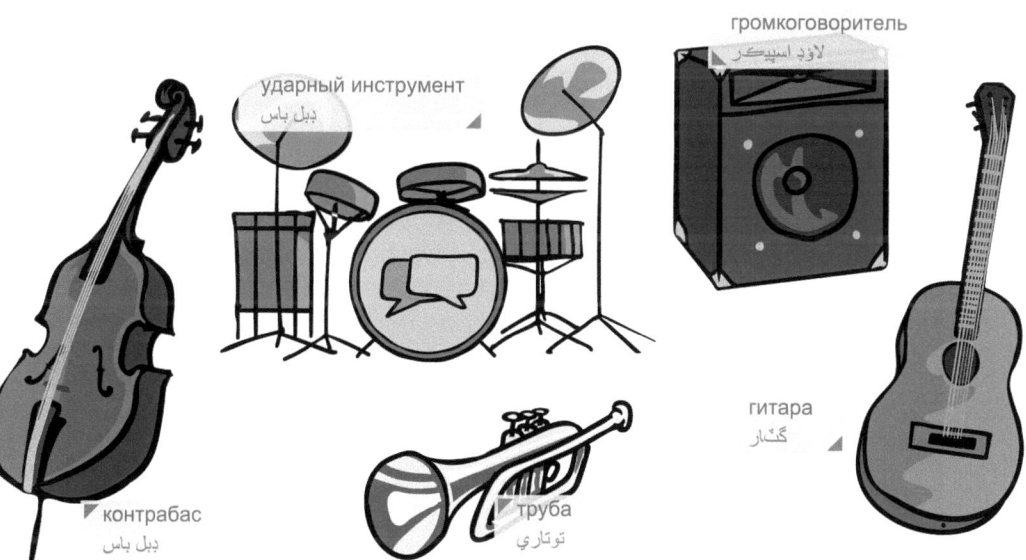

громкоговоритель
لاؤڊ اسپيڪر

ударный инструмент
ڊبل باس

гитара
گٽار

контрабас
ڊبل باس

труба
توتاري

пианино

پيانو

скрипка

واٸلن

бас-гитара

گٹار

литавры

ٹۡمپاني

барабан

ڈرم

синтезатор

كيٜ بورڈ

саксофон

سيكسوفون

флейта

بانسري

микрофон

ماٸيكروفون

вход
داخل ٿيڻ جو رستو

тигр
چيتا

клетка
پڃرو

зебра
زيبرا

корм
جانورن جي خوراک

панда
پانڊو

животные

جانور

слон

هاٿي

кенгуру

ڪينگرو

носорог

گينڊو

горилла

گوريلو

медведь

رڇ

верблюд

اﻧٹ

страус

شتر مرغ

лев

ﺷﯿﻨﮭﻦ

обезьяна

ﺑﻮﻟﮍو

фламинго

ﻓﻠﯿﻤﻨﮕﻮ

попугай

ﻃﻮﻃﺎ

белый медведь

ﺑﺮﻓﺎﻧﯽ رﯾﭻ

пингвин

ﮐﺒﻮﺗﺮ

акула

ﺷﺎرک

павлин

ﻣﻮر

змея

ﻧﺎﻧﮓ

крокодил

واﮔﻦ

служитель зоопарка

ﭼﮍﯾﺎ ﮔﮭﺮ ﺟﻮ ﻣﺤﺎﻓﻆ

тюлень

ﮔﻮچ ﻣﭽﯽ

ягуар

ﭼﯿﺘﻮ

пони

ٹٹّون

леопард

چیتو

бегемот

درياني گهوڑو

жираф

چزراف

орёл

باز

кабан

سونر

рыба

مڇي

черепаха

ڪمي

морж

ساموندي گهوڑو

лиса

لومڙي

газель

هرڻ

американский футбол
أمريكن فوتبال

езда на велосипеде
سائكلنگ

теннис
ٹينس

баскетбол
باسكٹ بال

плавание
تيراكي

бокс
باكسنگ

хоккей
آئس هاكي

футбол
فوتبال

бадминтон
بيڈمنٹن

лёгкая атлетика
ايتهليٹكس

гандбол
هينڈ بال

лыжный спорт
اسكيننگ

поло
پولو

прыгать
ٹپوڈيں

обнимать
پاکړ پائں

смеяться
کلں

идти
هلں

петь
گانو ګائں

молиться
دعا کرں

целовать
چمي ڈيں

мечтать
خواب ڈسں

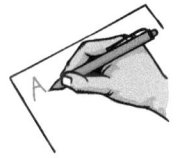

писать

لکں

рисовать

تصوير کشي کرں

показывать

ڈيکارں

нажимать

ڈکوڈيں

давать

ڈيں

брать

وﻧﮟ

иметь

ركھن

делать

كرنا

быть

ہونا

стоять

بیھنا

бежать

بھگنا

тянуть

چیکنا

бросать

اچھالنا

падать

گرنا

лежать

کروٹ گالھانا

ждать

انتظار کرنا

носить

کٹھی وجن

сидеть

وبھنا

надевать

تیار ٹیں

спать

سمنھن

просыпаться

جاگنا

рассматривать

ڏسڻ

плакать

روئڻ

гладить

ڪُ هَڻ

причесывать

ڪنگي ڪرڻ

говорить

ڳالهائڻ

понимать

سمجهڻ

спрашивать

پڇڻ

слушать

ٻڌڻ

пить

پيئڻ

кушать

کائڻ

наводить порядок

صاف ڪرڻ

любить

پيار ڪرڻ

готовить

پچائڻ

ехать

گاڏي هلائڻ

летать

اُڏرڻ

ходить под парусом

بحري سفر كرنا

считать

حساب كرنا

читать

پڑھنا

учиться

سكنا

работать

كم كرنا

вступать в брак

شادي كرنا

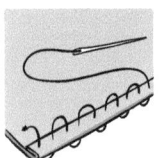

шить

سينا

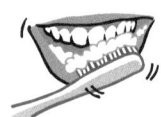

чистить зубы

ڈندن كي برش كرنا

убивать

قتل كرنا

курить

سگريٹ پينا

отправлять

موكلنا

семья

خاندان

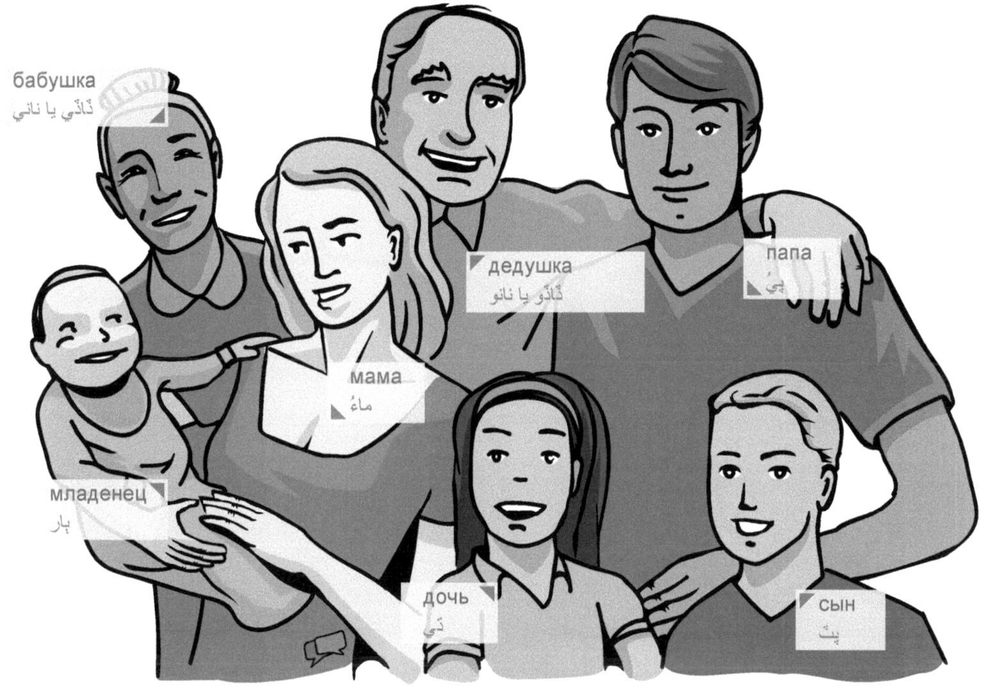
бабушка
ڏاڏي يا ناني
дедушка
ڏاڏو يا نانو
папа
پيءُ
мама
ماءُ
младенец
ٻار
дочь
ڌي
сын
پٽ

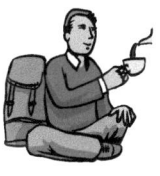

гость

مهمان

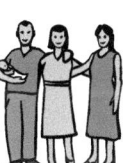

тетя

چاچي

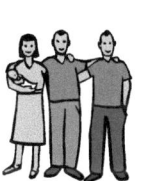

дядя

چاچو

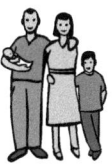

брат

ڀاءُ

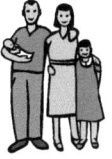

сестра

ڀيڻ

тело

جسم

лоб
پيشاني
глаз
اک
плечо
ڪلهو
палец
آڱر
лицо
منهن
подбородок
کاڏي
кисть
هٿ
нога
ٽنگ
грудь
ڇاتي
рука
ٻانهن

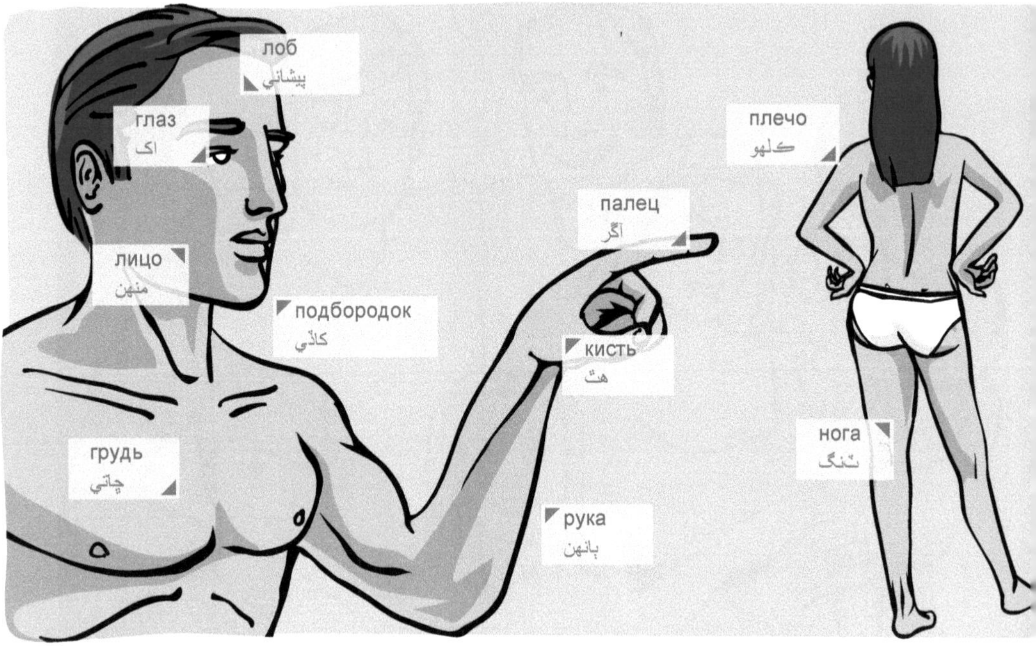

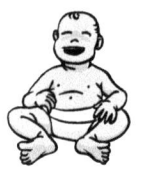

младенец

ٻار

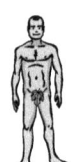

мужчина

ماڻهون

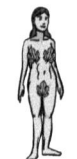

женщина

عورت

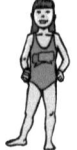

девочка

ڇوڪري

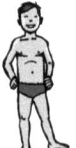

мальчик

ڇوڪرو

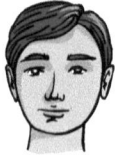

голова

مٿو

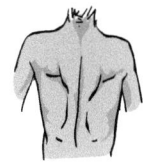

спина

پُشِي

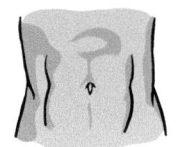

живот

پيٽ

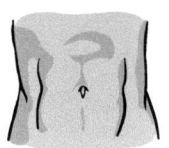

пупок

ڏن

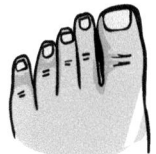

палец ноги

پيرِ جو اڱوٺو

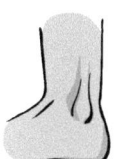

пятка

کڙي

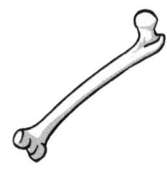

кость

هَڏِي

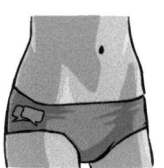

бедро

ٻنڊڻ

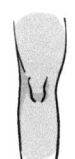

колено

گوڏو

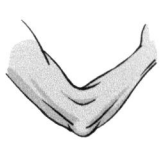

локоть

ٺونٺ

нос

 نڪ

ягодицы

هيٺِيون حصو

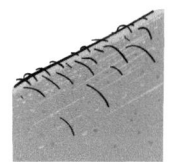

кожа

کل

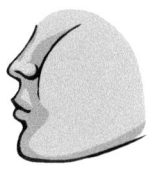

щека

ڳِل

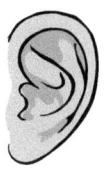

ухо

ڪن

губа

چپ

рот

واٹ

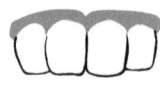

зуб

ڈَنت

язык

زبان

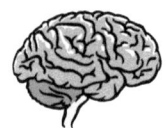

мозг

دماغ

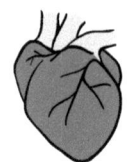

сердце

دل

мышца

ٹّورو

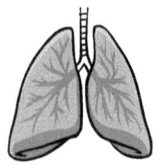

лёгкое

پّھیپّھڑا

печень

جگر

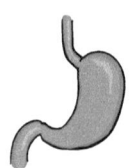

желудок

معدہ

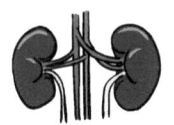

почки

گُردا

половой акт

جماع کرنا

презерватив

کنڈوم

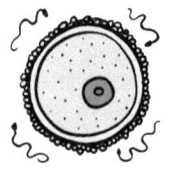

яйцеклетка

بیضہ

сперма

منی

беременность

حمل

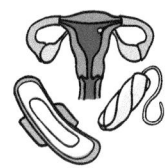

менструация

حيض

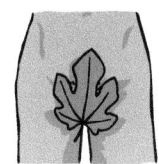

вагина

ٻچيداني جي نالي

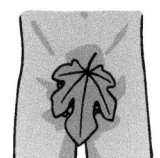

пенис

مردانو مخصوص عضوو

бровь

ڀرون

волосы

وار

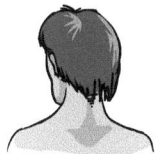

шея

ڳچي

тело - جسم   71

больница

اسپتال

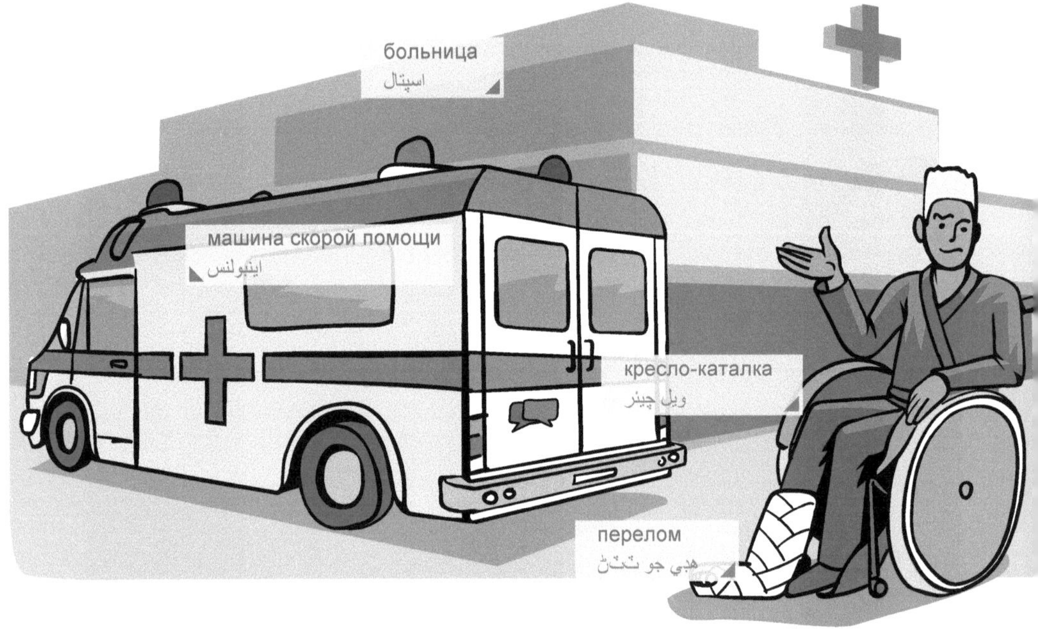

больница
اسپتال
машина скорой помощи
اينبولنس
кресло-каталка
ويل چيئر
перелом
هڏي جو ٽٽڻ

врач

ڊاڪٽر

пункт первой помощи

هنگامي ڪمرو

медсестра

نرس

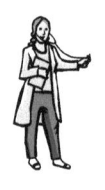

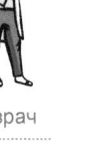

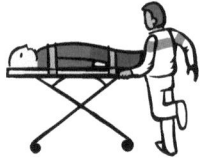

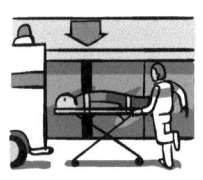

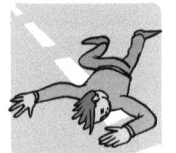

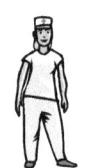

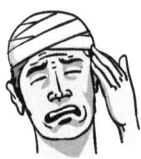

неотложный случай

ايڪسري

без сознания

بيهوش

боль

سور

повреждение

زخم

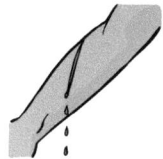

кровотечение

رت وهَّ

инфаркт

دل جو دورو

инсульт

فالج

аллергия

الرجي

кашель

کنگهه

овышенная температура

بخار

грипп

زکام

понос

دست

головная боль

مَّي جو سور

рак

کينسر

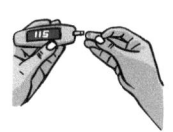

диабет

ذيابيطس

хирург

سرجن

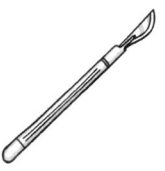

скальпель

جراحي بليڊ

операция

آپريشن

КТ

سي ٽِي

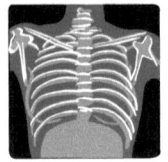

рентген

ايڪسري

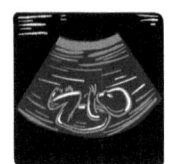

ультразвук

الٽراساونڊ

маска

منهن جي ماسڪ

болезнь

بيماري

приёмная

انتظار ڪرڻ جو ڪمرو

костыль

بيساکِهي

пластырь

پالاسٽر

бинт

پٽِي

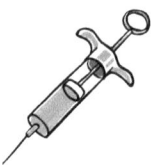

укол

انجيڪشُن

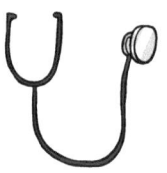

стетоскоп

اسٽيٿوسڪوپ

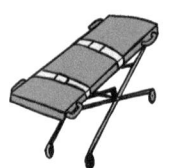

носилки

اسٽريچر

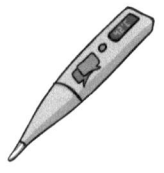

термометр

ٿَرماميٽر

рождение

پيدائش

избыточный вес

موٽاپو

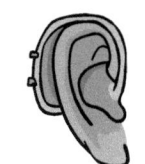

слуховой аппарат

ﮨﯿﺄﺭﯾﮓ ﻭﺍﺭﯼ ﮈﯾﻮﺍﺋﺲ

дезинфекционное средство

ﺟﺮﺍﺛﯿﻢ ﮐﺶ

инфекция

ﺍﻧﻔﯿﮑﺸﻦ

вирус

ﻭﺍﺋﺮﺱ

ВИЧ / СПИД

ﺍﯾﭻ ﺁﺋﯽ ﻭﯼ / ﺍﯾﮉﺯ

лекарство

ﺩﻭﺍ

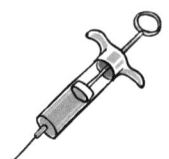

прививка

ﻭﯾﮑﺴﯿﻨﯿﺸﻦ

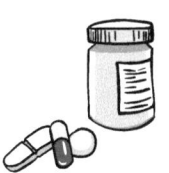

таблетки

ﭨﮑﯽ

противозачаточная таблетка

ﮔﻮﻟﯽ

экстренный вызов

ﮨﻨﮕﺎﻣﯽ ﮐﺎﻝ

прибор для измерения кровяного давления

ﺑﻠﮉ ﭘﺮﯾﺸﺮ ﻣﺎﻧﯿﭩﺮ

больной / здоровый

ﺑﯿﻤﺎﺭ / ﺻﺤﺖ

Помогите!

مدد

сигнал тревоги

الارم

нападение

جسماني حملو كرڻ

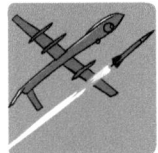

атака

حملو كرڻ

опасность

خطره

запасной выход

هنگامي حالت ۾ نكرڻ جو رستو

Пожар!

باھ

огнетушитель

باھ وسائڻ جو اوزار

несчастный случай

حادثو

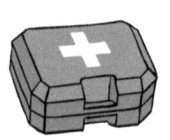

аптечка

ابتدائي طبي امداد

SOS

ايس او ايس

милиция

پوليس

Европа

يورپ

Северная Америка

اتر أمريكا

Южная Америка

ڈکن آمريکا

Африка

أفريقا

Азия

ايشيا

Австралия

أستريليا

Атлантический океан

اٹلانٹک

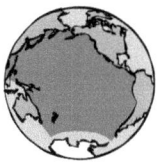

Тихий океан

پيسفک

Индийский океан

بحر هند

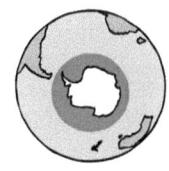

Антарктический океан

انٹارکٹک سمنڈ

Северный Ледовитый океан

أرکٹک سمنڈ

Северный полюс

اتر قطب

Южный полюс

نْكْثّ قطب

Антарктика

انٹارکٹیکا

земля

زمین

суша

زمین

море

سمندر

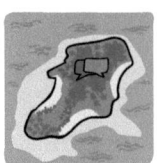

остров

جزیرو

нация

قوم

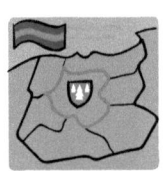

государство

ریاست

циферблат

گھڙي جو سامھون حصو

часовая стрелка

كلاڪ واري سوئي

минутная стрелка

منٽ واري سوئي

секундная стрелка

سيڪنڊن واري سوئي

Который час?

ٽائم گھٽو ٿيو آھي؟

день

ڏينھن

время

وقت

сейчас

ھاڻي

электронные часы

ڊجيٽل گھڙي

минута

منٽ

час

كلاڪ

понедельник
سومر

среда
اربع

пятница
جمعو

MO

W

FR

TU

TH

SA

вторник
اگارو

суббота
چنڇر

SO

четверг
خميس

воскресенье
آچر

вчера
كله

сегодня
اڄ

завтра
سباڻي

утро
صبح

полдень
منجهند

вечер
شام

рабочие дни
كاروباري ڏينهن

выходные
هفتي جو آخر

год

سال

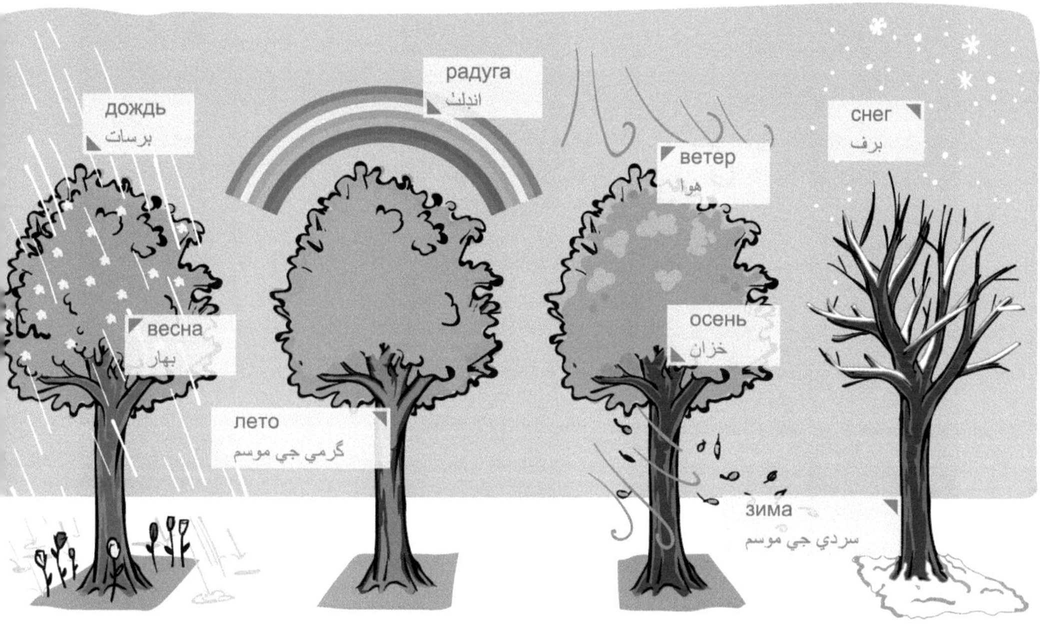

дождь
برسات
радуга
انڊلٺ
ветер
هوا
снег
برف
весна
بهار
осень
خزان
лето
گرمي جي موسم
зима
سردي جي موسم

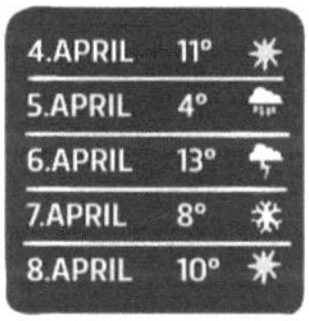

4.APRIL 11°
5.APRIL 4°
6.APRIL 13°
7.APRIL 8°
8.APRIL 10°

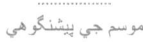

прогноз погоды

موسم جي پيشنگوهي

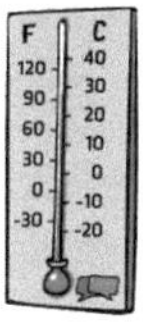

F C
120 40
90 30
60 20
30 10
0 0
-30 -10
-20

термометр

ٿرماميٽر

солнечный свет

اس

туча

بادل

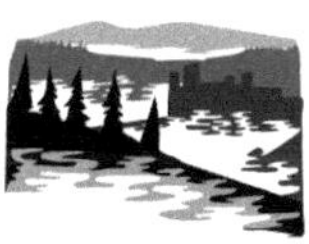

туман

ڌنڌ

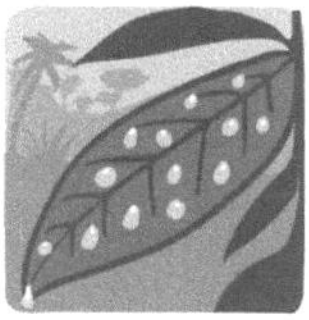

влажность воздуха

نمي

молния

أسماني بجلي

гром

ٹرمامينڈر

буря

طوفان

град

ڳڙڻ جو مينهن

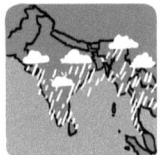

муссон

مون سون

наводнение

ٻوڏ

лёд

برف

январь

جنووري

февраль

فيبروري

март

مارچ

апрель

اپريل

май

مئي

июнь

جون

июль

جولاني

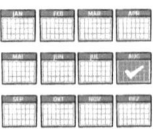

август

اگسٽ

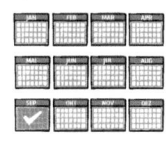

сентябрь
....
سيپټـمبر

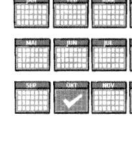

октябрь
....
أكـتّـوبر

ноябрь
....
نوېمبر

декабрь
....
ډسمبر

формы
شكلون

круг
....
دائرو

квадрат
....
چكّور

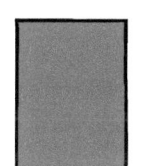

прямоугольник
....
مستطيل

треугольник
....
بـ‍‍ندي

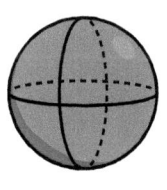

шар
....
كره

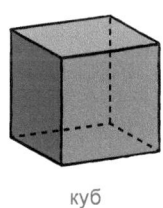

куб
....
كـعب

белый

اڃو

желтый

پيلو

оранжевый

نارنجي

розовый

گلابي

красный

ڳاڙهو

лиловый

جامني

синий

نيرو

зелёный

سائو

коричневый

نسمي

серый

ڀورو

черный

كارو

много / мало

گہٹو / ٹورو

яростный / мирный

ناراض / پر سكون

красивый / уродливый

خوبصورت / بدصورت

начало / конец

شروعات / ختم

большой / маленький

وڈو / نيٛو

светлый / темный

روشني / اونده

брат / сестра

بين / بهائي

чистый / грязный

صاف / خراب

полный / неполный

مكمل / نا مكمل

день / ночь

ڈينهن / رات

мёртвый / живой

مرده / زنده

широкий / узкий

بگهور / تنگ

съедобный / несъедобный

كائن قابل نه هجڻ / كائن جي قابل هجن

злой / дружелюбный

برو / سٺو

взволнованный / скучающий

پرجوش / بوريت جوشڪار

толстый / худой

موٽو / پتلو

сначала / в конце

پهريون / آخري

друг / враг

دوست / دشمن

полный / пустой

ڀريل / خالي

твёрдый / мягкий

سخت / نرم

тяжёлый / легкий

ڳورو / هلڪو

голод / жажда

بک / اڃ

больной / здоровый

بيمار / صحت

незаконный / законный

غيرقانون / قانوني

умный / глупый

عقلمند / بيوقوف

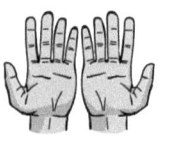

слева / справа

سڌو / ابتو

близко / далеко

ويجهي / پري

новый / подержанный

ننون / استعمال ثيل

ничто / нечто

ڪجه به نه / ڪجه

старый / молодой

پوڙهو / نوجوان

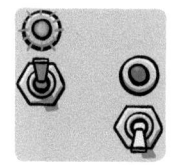

включено / выключено

آن / اف

открыто / закрыто

ڪليل / بند

тихо / громко

خاموش / بلند آواز سان

богатый / бедный

امير / غريب

правильный /
неправильный

صحيح / غلط

шероховатый / гладкий

کهرو / لسو

печальный / счастливый

غمگين / خوش

короткий / длинный

مختصر / ڊگهو

медленный / быстрый

آهسته / تيز

мокрый / сухой

آلو / سڪل

тёплый / прохладный

گرم / ٿڌو

война / мир

جنگ / امن

0

ноль

زيرو

1

один

ھك

2

два

بہ

3

три

ٹي

4

четыре

چار

5

пять

پنچ

6

шесть

چھ

7

семь

ست

8

восемь

اٹ

9

девять

نو

10

десять

ٹھ

11

одиннадцать

يارھن

12

двенадцать

بارهن

13

тринадцать

تيرهن

14

четырнадцать

چوڈهن

15

пятнадцать

پندرهن

16

шестнадцать

سورهن

17

семнадцать

سترهن

18

восемнадцать

ارڑهن

19

девятнадцать

اوٹويه

20

двадцать

ويه

100

сто

سو

1.000

тысяча

هزار

1.000.000

миллион

ٹه لک

английский

انگریزي

американский английский

أمريكي انگریزي

мандаринский китайский

چیني میندارن

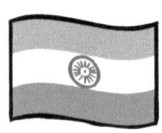

хинди

هندي

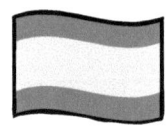

испанский

اندلسي بولی

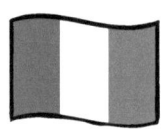

французский

فرانسیسي

арабский

عربي

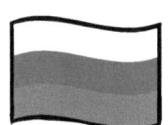

русский

روسي

португальский

پرتگالي

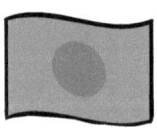

бенгальский

بنگالي

немецкий

جرمن

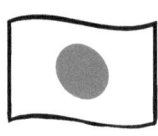

японский

جاپاني

я

مان

ты

تون

он / она / оно

هي چوكري/ هي چوكرو / هو

мы

اسان

вы

تون

они

هو

кто?

كير؟

что?

چا؟

как?

كيئن

где?

كٿي؟

когда?

كڏهن؟

HELLO, I AM

имя

نالو

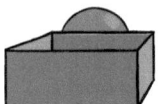

за

پويان

в

перед

جي سامهون

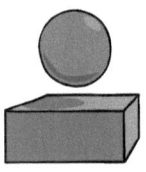

над

مٿي

на

تي

под

هيٺ

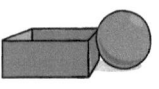

рядом

ڀر

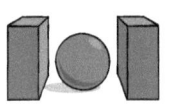

между

وچ م

место

جڳهه